| NIMMERTAL 75 / ERSTER BAND
SCHRIFTENREIHE DES ANTIQUARIATS
WIMBAUER BUCHVERSAND
|

In dieser Reihe sind bisher erschienen:
| **1 Tobias Wimbauer**: Landschaften im inneren Vorbeifahren: Aus den Traumtagebüchern 1995-2016 (August 2016) | **2 Friedrich Helms**: Wilhelmshorst und Uelzen 1948/1949 (August 2016) |

Tobias Wimbauer

Landschaften im inneren Vorbeifahren

Aus den Traumtagebüchern 1995-2016

**Für Steven:
Huld! Huld! Huld!**

1. Auflage 2016
© 2016 Tobias Wimbauer, Nimmertal 75, 58091 Hagen
www.wimbauer-buchversand.de

Alle Rechte vorbehalten
Herstellung und Verlag: BoD – Books on Demand, Norderstedt
Printed in Germany
ISBN 9783741208720

Vorwort

Ich habe als Jugendlicher schon Tagebuch geführt. Bis auf die ersten Hefte, die im Wesentlichen um die Wirrungen des Pubertierens kreisen in immer neuen Variationen, und die ich mit Zwanzig verbrannte, haben sich alle erhalten. Handschriftliche Kladden, Bücher, maschinenschriftliche Passagen, Blumen und Zeitungsausrisse darein einmontiert.

Oft notierte ich Träume. Nicht etwa, weil ich ihnen mantische Qualitäten zubilligte, oder psychologische Ausdeutbarkeit, sondern weil sie im besten Wortsinne surreale Geschichten sind: die Defragmentierung des Tagdenkens in neue Zusammenhänge gestellt. Im Traum ist man für sich selbst Autor. Und das Gehirn, die alte Assoziationsmühle, wie Ernst Jünger sie nannte, überrascht sich selbst mit den wildesten Stories.

Für verschiedene Veröffentlichungen hatte ich einzelne Träume aus dem Tagebuch herausgelöst (einige erschienen 2003 als Privatdruck und 2008 als Schlusskapitel meines Buches *Lagebericht*). In den letzten Jahren führte ich dann das Traumtagebuch gezielt von den normalen Aufzeichnungen separiert.

Hier nun, als erster Band der neuen Schriftenreihe meines Antiquariats, meine Träume aus etwas mehr als 20 Jahren.

Nimmertal, im Juli 2016

Freiburg, 15. März 1995

Ein Bild geht mir nicht aus dem Kopf. Ich lag auf dem Balkon in einem Liegestuhl, von der Sonne direkt beschienen. Irgendwann stand sie zwischen der Sonne und mir. Ich sah nur noch die Umrisse ihres Gesichtes und die gleissend helle Sonne hinter ihrem Kopf.

Mühlenhof, 19. Oktober 1996

Traum: Ich kam in der blauen Marine-Ausgehuniform zu Ernst Jünger. In seinem Garten stand ich vor ihm, etwa zwei Meter entfernt. Ich grüsste militärisch und sagte: »Ich grüsse den Soldaten und Dichter, der mir so viel bedeutet.« Er grüsste zurück. Ich streifte meine grauen Lederhandschuhe ab, er gab mir seine Hand.

Mühlenhof, 5. April 1997

Ich vermochte, wenn ich zu Bette lag, zu fliegen. Ich glitt in Sekundenschnelle nach Hause. Dort angelangt, sah ich die Post durch und adressierte die Briefe um. Ich erledigte einige Geschäfte, traf mich mit den Freunden. Viele Nächte weilte ich so in der Heimatstadt. Eines Nachts umflog ich ein Haus, in dem eine alte Witwe in ihrem kargen Zimmer sass, das nur durch eine Glühbirne, die nackt an einem Kabelstrang von der Decke hing, erhellt war. Ein Kommödchen, ein mit grobem Leinstoff bezogenes Bett, ein Heiligenbild und ein Kruzifix. Ich flehte sie an, ein Vaterunser für mich zu sprechen. Sie sprach es mehrmals, ich fiel in den Text mit ein. Bei den heiligen Worten zog es mich mit grosser Kraft auf das Krankenbett zurück. Erwachend stammelte ich: »Ich bin erlöst, erlöst!«. Dankbar sprach ich das Vaterunser immer wieder. Ich ahnte, dass mir die Fähigkeit der nächtlichen Flüge von unheilvollen Mächten gegeben war. Nun war ich errettet. Tagsüber wartete ich lange Zeit noch auf die Briefe, die ich des Nachts abgesandt hatte. Fortan lebte ich Nachts bei der gesegneten Quelle.

Viele kamen, Heilung und Linderung ihrer Gebrechen erhoffend. Auch der Kapitän war zugegen, grosse weisse Zelte wurden in dem Tal der Quelle errichtet, viele warteten darin und beteten. Diese Wachträume im Fieber vergass ich lange nicht, es brauchte Wochen, bis ich begriff, dass ich geträumt hatte.

An Bord, 2. Mai 1997

Die Nachtwache grösstenteils verschlafen. Geträumt von der Abreise zur AAR. Es war bei mir Zuhause und dann wieder bei Papa auf dem Mühlenhof. Meine Freunde waren dabei. D. ist mir erinnerlich, die anderen kannte ich im Traume nur, so auch mehrere Mädchen. Der Abfahrzeit war ich mir nicht gewiss, ständig in Sorge, den Zug zu verpassen. Nach der Fahrt zu einem der Mädchen – auch sie im Traum mit mir befreundet –: »Ich bin auf der Fahrt nach Marokko«. Dies rief ich ihr zu, als ich auf dem weissen Aussengang stand. Alles war weiss: das Geländer, die Wand, der Boden. Ich wandte mich um und ging über die schmale Brücke zu dem Hauptgebäude mit der schwarzsilbernen Fensterfront. Unter der Brücke: ein grosses rundes Kolosseum.

Ein Funkspruch weckte mich in diesem Momente auf – ich merkte, der Traum war noch nicht zu Ende.

An Bord, 28. Mai 1997

Traum. »Lass uns an den Strand gehen, ich habe dir so vieles zu erzählen. Später werde ich mich nicht mehr daran erinnern.« – »Komm nicht zu nah an den Rand, es geht so tief nach unten, es ist wie mit den Flugzeugen!« Ich sitze am Strassenrand, es ist staubig und der Sand weht über den Boden. Viele sitzen um mich herum – ich glaube sie zu kennen. Ich sehe mir von oben beim Sitzen zu, ich sehe mich von der Seite an. Von den Dächern fallen Seifenblasen herab, es werden immer mehr – man kann ja gar nichts mehr sehen! Ich springe auf, ich renne hindurch, renne auf den grossen Platz, auf dem das Fest stattfinden soll. Jemand ruft: »Sie kommen!« Der Platz füllt sich mit jungen Menschen in gelben Gewändern, mit Federn geschmückten orangefarbenen Hauben auf den Köpfen. Allen scheint es vertraut. Ich zwänge mich durch die Massen, lasse den Platz hinter mir. Ein Weg zweigt ab, auf dem Geschäfte getrieben werden, fliegende Händler bieten Kleider und Früchte feil, der Alte füllt Hafer in das Gemäss. Am rechten Wegrand sind kleine Ställe aufgebaut, mit einem dünnen Gitter versehen, durch das man jedoch ohne Mühe hindurchsehen kann. In den ersten Käfigen sind Affen untergebracht, die sich vergnügt an den Stäben emporhangeln. Ich sehe auf die rechte Seite des Käfigs und entdecke dort ein Pferd, das nur noch zwei Beine hat. Um die Vorderstümpfe sind Gurte geschnallt, die mit einer metallenen Konstruktion unter der Decke verbunden sind. So kann das verkrüppelte Pferd aufrecht stehen und sich frei bewegen. »So macht man das hier also«. Dann im Innern des Hauses: Ich stehe vor einem dunklen Gang. Ein Mann kniet an der Musikmaschine. An der linken Seite ist ein rechteckiger Kasten angebracht, über den die Saiten gespannt sind. Ein runder, länglicher Griff schliesst sich an, auf dem kleine Zahlenräder angebracht sind, die er unablässig verstellt, mit denen er die Musik erzeugt. Eine gute und eingängige Melodie. – »Die darf keinen Ton höher oder tiefer sein, dann stimmte sie nicht mehr«. Er nickt. Ich laufe nach vorne und verweile an der

Durchreiche zu den Galträumen. Ein anderer steht auf der Seite, einen Papierstreifen in der Hand haltend: »Vierhundert habe ich dafür noch nie bezahlt«. Der Ober, in einen schwarzen Smoking gekleidet: »Gib mir Hundert, wir sind doch alle Mariniers hier«. Er legt einen alten zerknitterten Zwanziger hin, den ich in die Börse stecke. Ein Fremder tritt aus dem Dunkel hervor und nimmt sie an sich.

Dann wurde ich geweckt. Beim Erwachen sah ich nochmals das Pferd vor mir. Erst Minuten später fiel mir auf, dass dies eben nicht »normal« war, ein Pferd mit amputierten Vorderläufen auszustellen und eigens eine Konstruktion zu erstellen, um ihm Bewegung zu vergönnen. Ein merkwürdiger Traum. Und überall wollte ich weg. Ich hatte es eilig, R. zu erzählen was war – offenbar musste es schnell geschehen, weil es sonst nicht mehr ginge; auch von dem Hochhaus wollte ich rasch weg. Hatte ich Angst? Als die Seifenblasen kamen, sprang ich auf und lief fort. Auch bei dem Pferd verweilte ich nicht lange, ebenso bei der Musikmaschine. Dann an der Durchreiche: für gewöhnlich verlässt man ein Restaurant, nachdem man die Rechnung beglichen hat.

Freiburg, 22. Oktober 1997

Ich denke nicht im Traum daran – – gerade dort.

Freiburg, 6. Juni 1998

Draussen 35° Grad, Vorgewitterschwüle. Ich träumte sehr lange und ausführlich, wie ich nach Gross Malchau fuhr, weil Papa gestorben war. Ich hatte es erst drei Tage nach seinem Tod erfahren. In seinem Haus (im Traum zweistöckig und mit einer Wendeltreppe) wimmelte es nur so von Leuten. Papas Körper lag, verzerrt, mit offenem Mund, unwürdig und falschherum auf dem Bett. Es spielten sich keine besonders schönen Szenen ab. Als ich nach 7 Uhr abends erwachte, rief ich sofort bei Papa an, erwischte aber nur den Anrufbeantworter – was meine Sorgen nicht gerade beseitigte.

Freiburg, 11. Januar 1999

Heute Nacht hatte ich einen verworrenen Traum, von dem ich nur noch ein Bild in Erinnerung habe – der Blick auf meinen rechten Fuss, die grosse Zehe und der »Zeige«-Zeh waren glatt abgeschnitten, die Wunde allerdings schon verkrustet, also im Heilen begriffen. Kein Gefühl des Schmerzes. Im Traum empfand ich das auch nicht als ungewöhnlich.

Freiburg, 27. März 1999

Nachts wirr geträumt, es hatte mit Politik zu tun, ich hatte mich so exponiert, dass es unangenehm wurde. Hatte auch mit Musik zu tun; im Traum war ich entsetzt, dass meine Lieder indiziert worden waren. Mein Name stand aber nicht auf den Plattencovern, da war also doch nichts zu befürchten.

Freiburg, 29. April 1999

Um 7 wachte ich einmal auf, weil ich geträumt hatte, dass der Wecker schellte.

Als ich um 11 Uhr wieder erwachte, hatte ich einen langen, vielschichtigen Traum hinter mir. Ich blieb noch ein paar Minuten mit geschlossenen Augen im Bett, um mich genauer zu erinnern, schnappte mir gleich einen Zettel und notierte, was mir einfiel:

Bergige Sandwüste. Den Weg hinauf kamen zwei auf einem Motorrad und bremsten direkt vor mir. Ich forderte, dass man mir die Hose ersetze, die aber nicht verschmutzt war. Fahrerin war *sie*, ich will sie X nennen, weil ich ihren Namen nicht kenne. Sie ist Tochter eines Eingeborenen, von denen ich übrigens keinen zu Gesicht bekam, weiss, blond, sehr hübsch.

Auf den Hügel ging ich, zur Spitze hin. Jemand hatte spezielle Dinger, die aussahen wie abgeschlagene Tierhufe. Sie rieb diese klopfend auf dem Boden, erzeugte ein eigentümliches Geräusch damit, um die Tiere anzulocken. Ich ging ein paar Schritte, zum Gipfel des Hügels: Dünenlandschaft bis zum Horizont. Aus der Mitte der Dünen sah ich auch schon einen Löwen auf mich zuspringen. Er kam mir direkt entgegen und lief nur eine Armeslänge weit an mir vorbei. Ein schwarzer Wolf, der mir aber in der Erinnerung mehr wie ein grosser, schwarzer, zotteliger Hund aussah, näherte sich mir. Zunächst zuckte ich zurück, überwand aber die Scheu. Er wurde zutraulich, liess sich streicheln.

Schnitt.

In einem Blockhaus einquartiert, oder dort wohnend. Dunkles, braunschwärzliches Holz. In den Bergen, schöne grosse Wiese davor. Es musste wohl Krieg sein, denn immer wieder flatterten »Kassettenbomben« auf uns zur Wiese hin. Diese stiessen – ohne Explosion – kleine, zweifäustegrosse Dinger aus, die, Silvester-Tischvulkanen gleich, einen Sternenreigen versprühten. Diesen musste man ausweichen, weil eine Berührung den schleichenden Verlust des Gedächtnisses zur Folge hat.

Mit X war ich mittlerweile zusammen. Später gab sie mir Briefe an mich. Ich las sie. Es waren allerdings die »öffentlichen« Briefe. Jene Briefe, in denen sie mir von ihren Gefühlen schrieb, gab sie mir in einem verschnürten Bündel. Diese Briefe waren frankiert und abgestempelt, also postgelaufen. Adressiert an mich – der Name des Blockhauses ist mir nicht mehr erinnerlich – ich wohnte im Zimmer »3/8 T«.

Auf der Wiese ereilte mich einmal ein Sternenregen aus der Sternbombe. Wir gingen den Berg hinab; man musste mir beim Abstieg helfen.

Im Traum wusste ich, dass ich nie den Namen von X erfahren würde.

X sagte, wie wenn sie ein Versäumnis beklagte: »Ich habe dir der Liebe Augen nie gezeigt …«. Aber die Briefe habe ich nicht gelesen.

Szene in einer Art Seminarraum. Kopien waren ausgeteilt worden. X sitzt neben mir. Ich wollte die Frage der Dozentin beantworten: »Goldoni, Diener zweier Herren«, kam aber nicht über die Vornamen hinaus, des Sternenregens wegen. Einer der Vornamen, die ich nannte, war »Karamsin« oder so ähnlich. Im Traume stimmte der Name.

Kleinere Bilder haben sich noch erhalten: Schellackplatten, Bücher (Umzug?).

Ob ich wohl auch das Aufwachen um 7 Uhr nur geträumt hatte?

Freiburg, 9. Mai 1999

Zur Mittagsstunde erwachte ich. Ich hatte viel geträumt, die Träume sind mir aber entfallen. Sie hatten mit der Universität zu tun.

Freiburg, 10. Mai 1999

Heute Nacht wieder verworrene Träume. Wieder keine detaillierte Erinnerung daran.

Freiburg, 12. Mai 1999

Wie gestern schon »alltägliche« Träume. Hatte es gestern, von der Lokalität her, mit der FT zu tun, waren es heute verschiedene Wohnungen. Post spielte eine Rolle dabei.

Freiburg, 1. September 1999

Ich träumte heute Nacht von einer recht hübschen Wohnung, geräumige Küche und drei Zimmer. Viel Platz für mich und meine Bücher. Es war nur etwas dunkel dort. Wenn ich mich recht erinnere, war ich nicht alleine.

Freiburg, 30. September 1999
Ich träumte heute Nacht, dass mich Th. angerufen hatte, um den Kontakt zu mir abzubrechen, weil ich ihn beleidigt habe. Ich wusste nur nicht, womit.

Mühlenhof, 27. Dezember 1999
Merkwürdige Träume gehabt, die aber nicht mehr greifbar sind.

Mühlenhof, 30. Dezember 1999
Träumte von einer gut dotierten Preisverleihung mit TV und allem Drum und Dran. Die Nachricht erreichte mich, per Mobilfunk, als ich auf dem Klo sass. Reporter wollten mich dazu filmen (zu der Verleihung natürlich, nicht auf dem Klo ...). Meine Bedingung: vorheriger gemeinsamer Gang zum Herrenausstatter, Anzüge etc. natürlich auf TV-Kosten.
Dummer Traum.

Mühlenhof, 3. Januar 2000
Träumte wieder von einer Preisverleihung, traf diesmal Golo Mann. Schau an, dachte ich, dabei ist der doch tot. Träumte auch manch anderes wirres Zeugs.

Freiburg, 24. Januar 2000

Heute um 9 aufgestanden, nach gutem, erholsamen Schlaf. Die Traumbilder sind mir noch präsent. Essen, Kino, das grosse Gebäude, die weiten Flure, SIE. Aber, um was ging es eigentlich? Keine der Personen war mir bekannt – im Traum natürlich schon. Ja, was war eigentlich. Ich weiss nur noch, dass es ein schöner Traum war. Das reicht. Ich stellte sogar einmal den Wecker vor, um weiter zu träumen, was auch gelang.

Freiburg, 14. Februar 2000

Merkwürdige Dinge geträumt, die mir aber nicht mehr präsent sind.

Mühlenhof, 20. April 2000

Merkwürdige Träume gehabt, die mir aber nur noch als Stimmung präsent sind. Die Bilder sind verflogen, schon beim Erwachen.

Freiburg, 25. April 2000

Träumte von einem eigenen, süssen Häuschen mit herrlichem Interieur. Ich sollte ein Milliönchen auf der Strasse finden ...

Freiburg, 31. Mai 2000

Träumte vom Haus in L. – Wenn's so wäre, wie ich träumte, wär's perfekt.

Freiburg, 2. Mai 2001

Merkwürdige Träume in letzter Zeit. Vielleicht sollte ich sie gleich nach dem Erwachen notieren. Abends erinnere ich mich doch nicht mehr daran.

Freiburg, 19. Juni 2001

Heute scheissfrüh aufgestanden, erwacht aus einem herrlichen Traum (sexuell).

Freiburg, 9. November 2001

Merkwürdige Träume beim Mittagsschlaf. Es war in Dresden, während des Zweiten Weltkrieges. Bombenangriffe. Eine gewaltige Explosion sahen wir durch das geöffnete Fenster, sie sah atomar aus. Als die Druckwelle, staubgrau, auf uns zurollte, stemmten wir uns mit ganzer Kraft gegen das Fenster, um es zu schliessen. Es gelang, ich flog jedoch wegen des Drucks nach hinten, konnte nicht mehr atmen in der Luft. Auf der Strasse umarmte ich eine Frau; ihre Beckenknochen waren spitz. Wir gingen durch die zerstörten Strassen. An einer Ecke stand Oswald Spengler – er sah aus wie Armin Müller-Stahl als Thomas Mann – und verkaufte, von den Passanten unbeachtet, seine Schriften – aus einem Bauchladen! Ich erwarb »Preussentum und Sozialismus«, er schrieb mir eine Widmung hinein. Ich fragte ihn, ob er etwas von Ernst Jünger in Paris wisse, auch sprachen wir über die schwierige Stellung Carl Schmitts in Berlin, ein paar Sätze nur. Ich fuhr mit einem zeitgenössischen Zug nach Dresden – etwa heute, also mit Abstand von ca. 50 Jahren zum ersten Traumpart. Ich verpasste den Ausstieg beinahe, ging zu einem bestimmten, grossen Hotel und wusste nicht, was ich dort zu tun habe, ich hatte vergessen, wer mich eingeladen hatte. Ich suchte in den Gasträumen nach irgendeinem bekannten Gesicht. An einem Tisch erblickte ich eine mir aus Schulzeiten bekannte Familie. Ich gesellte mich zu ihnen. Ihre Namen wusste ich nicht mehr, sie liessen mich raten. So gings weiter. Irgendwann sass ich draussen und rauchte eine der Zigaretten, die dort lagen. Sie hatten oben einen Selbstanzünderkopf, den man, nachdem man mit ihm die Kippe angesteckt hatte, abnehmen musste. Als ich aufwachte schaute ich bei meinen Spengler-Büchern nach und war doch recht enttäuscht, dass sowohl der Band fehlte als auch die anderen keine Widmung aufwiesen.

Freiburg, 19. Dezember 2001

Mehrfach, eine Szene: Ich sitze auf dem Fernseh-Sessel, durch das seitliche Fenster (das zur Treppe hin) erhalte ich einen wohlgezielten Schuss durch die linke Schläfe. Ich bin rasch tot.

Mühlenhof, 30. Dezember 2001

Ausgeschlafen bis ½ 12. Träumte zuletzt erotisch (von S.A.)

Mühlenhof, 1. Januar 2002

Ausgeschlafen, wirres Zeugs geträumt. Ich hatte ein Haus mitten im Wald. Szenen: Haus in der Stadt, in der Dusche, mit Bus und Auto in den Wald. Kriege die Handlung nicht mehr zusammen.

Schlief abends für eine halbe Stunde auf dem Sofa. Die Träume waren sexuell konnotiert (wieder die herrliche S.A.)

Mühlenhof, 2. Januar 2002

Ganz gut geschlafen, Träume wieder komisch, diesmal aber harmonischer als die von gestern. Viel Geschmuse mit L., Bergwanderungen spielten auch eine Rolle (welche, weiss ich nicht mehr).

Freiburg, 10. Februar 2002

Als Clown mit Oma und Mama. Missstimmung mit Oma wegen falscher Namen. Deswegen kein Auftritt als Clown, der Chef wollte solche Querelen draussen lassen. Umkämpfte Fänge, die geölten Gegenstände und Speisen, die zuvor noch rein flüssig gewesen sind, benutzte sie trotzdem. Dea ex machina, die weicheste Haut, die ich je verspürte, ungeheuer zart. Mama wies mich auf sie hin, aber ich sagte ihr, dass wir bereits zusammen seien. Kurz später andere Dea ex machina, ebenfalls ungeheuer zarte Haut; ich merkte erst nach einiger Zeit, dass sie eine andere war, beide waren brünett. Es gab auch Kämpfe.

Freiburg, 15. März 2002

Träumte von einem Haus im Elsass.

Freiburg, 9. Mai 2002

Ich fuhr mit einem Auto über's Land, wollte zu D. fahren. Mal waren mehrere im Wagen, mal war ich nur allein. Was sich dort, angekommen, abspielte, weiss ich nicht mehr; ich weiss nur noch, dass ich irgendwann im Traum geweckt wurde. Jemand, der im Traume eindeutig zum Freundeskreis gehörte, sagte mir mit übernächtigt verheulten Augen, dass B. etwas passiert sei, bzw. dass sie sich im Krankenhaus befinde. Plötzlich war es draussen wieder hell. Ich telephonierte mit B. Was war, weiss ich nicht mehr. Die Fortsetzung des Gespräches fand schon Auge in Auge mit ihr statt; rascher Ortswechsel also.

Intermezzo, oder parallel passierend: ich gehe in ein Stadion rein, das vollbesetzt ist. Ich komme durch einen der erhöht liegenden Zuschauer-Eingänge auf die Sitzplatztribüne. Es kommt zwischen den Sitzplätzen zu Kämpfen. Bewaffnete rennen durch die Gänge. Mag sein, dass ich einer der Kämpfenden war.

Ich sitze vor B., wir berühren uns. »Fühl mal«, Wasser ergiesst sich an meinem Rücken. Sie zeigt mir die frischen Narben von der Operation. Ich fühle Weiches; ich glaube, wir küssen uns.

Ich sitze in einer vollen Strassenbahn (keiner der Freiburger Bahnen, sondern einer anderen Stadt). Neben mir stehen Leute. Über mir ist ein altes Telephon angebracht. Man braucht weder Münzen noch Karten, sondern kann »so« telephonieren. Ich rede mit B. Irgendwer, der neben mir steht, spricht mich an; ich weiss nicht mehr, was er wollte. Im Gespräch mit B. verpasse ich die Station, an der ich aussteigen wollte. Die Gegend ist mir unbekannt. So langsam wird's mir sehr unangenehm.

Vereinzelte Bilder haben sich in meiner Erinnerung noch erhalten, die ich aber keinem Zusammenhang zuordnen kann. Etwa dieses: ich gehe mit B. in ihre Wohnung, eine Kellerwohnung mit separatem Eingang. Es ist eigentlich keine Wohnung, sondern ein »richtiger«, wenngleich grosser Kellerraum, der vollgestopft ist mit alten braunen Schränken, dazwischen Kisten und Kästen, Gardinen, die seit Jahrzehnten schon ausgemustert worden sind. Ich kann mir nicht vorstellen, dass sie dort wohnt. Bin auch alleine dort; sie muss mir mit Absicht nicht ihr eigentliches Heim gezeigt haben.

Was ich sonst noch in Erinnerung habe, ist die eigentümliche Stimmung, in welcher Gelassenheit und Bedrohung sich vermengten. Ich war froh, als ich wieder erwachte; die Stimmung blieb für einige Stunden mir präsent.

Freiburg, 19. Mai 2002

Träumte von einem Besuch von B. bei mir. Schönes Kuscheln in trauter Zweisamkeit.

Freiburg, 15. Juli 2002

Träumte überdies wirr. Ich war viel unterwegs, sass in meinem Auto, dem Golf, mit einer nicht mehr ganz jungen Frau. Ich bemerkte, nachdem ich wohl, obgleich auf Fahrerseite sitzend, eingenickt war, dass ich gar nicht selber fuhr. Sie hatte auf der Beifahrerseite in Kniehöhe ein eckiges Lenkrad, und darunter

Pedale, die mit einem ordentlichen Kabelsalat aus der herabgerissenen Autoverkleidung heraustakten. In einem Haus, wohl ihrem, benutzte ich ihre Toilette, das Bad war überaus schmutzig und versifft. »Das ist von (Männername: Heinz oder Rainer)«. Mir fehlen die Zusammenhänge, war aber alles sehr unangenehm.

Freiburg, 31. Juli 2002

Träumte heute morgen, kurz vor dem Erwachen ausführlich und sehr plastisch von einer Nacht mit X …, war grandios. Wir begingen unseren Abschied.

Freiburg, 8. September 2002

Träumte heute Nacht vom Umzug. Der Wagen war viel zu langsam und auch zu klein; es passte nicht alles rein, was ich besitze. Irgendwie war auch etwas in der Umzugsplanung durcheinandergeraten, denn ich musste in der Garage in Merzhausen schlafen, in meinem Auto. Das war nicht sehr bequem.

Rittergut Schnellroda, 15. September 2002

Die erste Nacht im Rittergut. Aufgewacht recht früh, wie mir scheint. Merkwürdige Träume; in einer Szene schlüpften »Aliens« aus Eiern, die im Kühlschrank aufbewahrt wurden. – Überfall auf einen Supermarkt und andere Sperenzchen.

Rittergut Schnellroda, 13. Januar 2003

Kobra Klytämnestra.

Hagen, 26. Juli 2003

Merkwürdiger Traum heute Nacht. In einer Bar in Mexiko, zugleich ein Trödelladen. Zusammen mit Silvia sah ich mir die neue *Sezession* an. Sie war auf Einzelblättern gedruckt. Drinnen Zigarettenreklame u.a. von »West«, die aber alle arabische Schriftzüge aufwiesen. Eine war mit einer besonders schönen, tiefblauen Schachtel. Silvia deutete auf sie und sagte: die dürfe ich mir kaufen.

Hagen, 18. Juli 2003

Es war in Freiburg, obwohl es nicht aussah wie Freiburg. In einem Gang einer Einkaufspassage traf ich Mama und Oma, wir verabredeten uns, was nicht leicht war, weil ich lieber am selben Abend gekommen wäre, die beiden aber den nächsten Tag bevorzugten. Dann auf einem Brunnenrand auf dem Augustiner-Platz sitzend (der nicht aussah wie der Augustiner-Platz, auf dem ja auch kein Brunnen ist), zusammen mit Silvia, hinter mir sass Ingrid, die im Traum meine Tante war. Allein dann in einem Antiquariat, das noch nicht eröffnet war. Ich durfte trotzdem schon rein. Eine ältere Antiquarin nebst Gehilfin. Ich stöberte nach Jünger. Ich fand ein Kleist-Jahrbuch (bei dtv) mit einem Jünger-Erstdruck und ein weiteres Buch mit einem bei Mühleisen nicht verzeichneten Interview. »Bäume« in einer sehr gewellten, abgegriffenen Ausgabe, immerhin von EJ zweimal gewidmet, die eine Widmung von EJ halb ausgeschabt, in der anderen verwies EJ auf den Privatdruck, den Thomas Anz herausgegeben habe. 900 Euro wollte die Antiquarin, doch das war mir zu teuer. Dann ein Photoalbum mit vielen EJ-Photos, aber auch Manuskripten. Das Album sah eher aus wie eine schwarze Ledertasche. Das wollte ich der Antiquarin für 50 Euro abluchsen, deshalb blätterte ich es vor ihr so auf, dass sie die Manuskripte nicht sehen konnte. Sie rechnete mit dem Taschenrechner. Dann ein gelb-goldenes Armband, das Friedrich Georg Jünger gehört hatte. Und eine Kiste Spielzeug aus Holz und altem Blech, das EJ und FGJ als Kind gehört hatte. Gut fand ich auch ein grün-weiss-silbernes Band, das zu einer Lübecker Marzipan-Schachtel gehörte (die nicht mehr dabei war), auf der mit elektrischer Schreibmaschine – das sah man an den Lettern – »F.G. Jünger + W. Völker« geschrieben war. Von Walter Völker wusste ich im Traum, dass er ein Studienfreund von FGJ war. Dabei war ein fast DIN-A3 grosser Brief der Lübecker Marzipanfabrik, in dem sich der Direktor für den Brief der beiden bedankte. Das wollte ich unbedingt für 20 Euro haben. Dann wachte ich auf.

Hagen, 7. August 2003

War im Traum in einem mir fremden Zimmer. Zwei mir unbekannte 16jährige Mädchen suchten mich zu verführen. Ich könne nicht, ich sei in festen Händen. Sie wollten weiter, besonders eine Asiatin, die sich an mir unter der Decke rieb (beide waren aber noch angezogen). Sie war sauer, als ich ihr dann in den Schritt griff. In einer andern Traumszene war ich zu einem SC Freiburg-Fussballspiel, das Stadion sah aber eher so aus wie das in »Running Man«. Unten im Stadion war so eine Art Supermarkt, wo wir Tiefkühlgerichte kaufen wollten.

Hagen, 9. August 2003

Dumme Sachen geträumt, an die ich mich nicht genau genug erinnere.

Hagen, 11. August 2003

Wirres Zeugs geträumt heut Nacht.

Hagen, 14. August 2003

Skurriler Traum. Zunächst in einem Haus, in dem ich wohl wohnte. Ich hatte einen für wertlos gehaltenen Pilz bei eBay für 1000 Euro verkauft und war damit schuldenfrei. Dann in einem Wintersportort. Entdeckte im gemieteten Zimmer eine ganze Reihe Jünger-Bücher, die ich noch nie gesehen hatte, geschweige denn von deren Existenz wusste. Ich durfte sie teils mitnehmen, teils steckte ich sie »so« ein. Der Vermieter, im Koch-Dress, erklärte mir verklemmt und sich windend, dass andere Zimmer an Prostituierte vermietet seien, ich möge mich daran nicht stören.

Hagen, 19. August 2003

Wirres Zeugs geträumt. Wohnte irgendwo mit Andy zusammen. Wir fuhren, wobei wir uns wöchentlich wohl abwechselten, zu einem See, landeten aber in Schnellroda bzw. einer Bruchbude, die im Traum dort war. Weshalb, weiss ich gar nicht mehr. Ellen war dort und ihre Mutter. Ellen wunderte sich, dass ich meine Post nicht nachgeliefert bekommen würde, und auch die Rundbriefe nicht. Wollte mit jemandem zurückfahren und wir fragten F., ob sie mitkomme. Sie wand sich, sie habe so etwas wie ein Familiengefühl entwickelt. Im mittleren Saal waren junge Leute, die dort eine Party feiern wollten. Ich kassierte stellvertretend ab, obwohl ich dazu überhaupt nicht mehr befugt war, wie ich wusste. Das Haus war so dreckig und baufällig.

Hagen, 31. August 2003

Komische Sachen geträumt, viel mit jemandem durch die Lande gefahren, aber stets mit Ziel. Ich hatte bei eBay eine Insel mit einem etwas baufälligen Herrenhaus gekauft für 13 Euro. Ich hatte gedacht, jemand würde mich noch überbieten. Ein Freund schalt mich, denn die Grundsteuer würde mehrere Milliarden im Jahr kosten, was mir dann recht unangenehm war.

Hagen, 1. September 2003

Siliva erzählte, dass sie heute Nacht geträumt hat, wie N. zu uns kam, um sich zu entschuldigen. Wir wohnten auf einem Berg, N. hatte auf halber Höhe eine Autopanne. Weil er sich so lieb entschuldigt hatte, schoben wir sein Auto bis auf den Berg hoch. N. trug in ihrem Traum einen Schnauzbart und war recht hochgewachsen.

Ich hatte von einem Ausflug geträumt, eine Art Klassenausflug, obwohl aus meiner ehemaligen Schulklasse nur K. und J. dabei waren. Schuhe musste man mit devoter Haltung oder Kniefall entgegennehmen. Ich wollte klitzekleine Kleist-Schuhe in Rot und Schwarz von einer alten, viel zu stark geschminkten Frau. Es muss in Staufen gewesen sein, so wie es aussah. Wir warteten bei einem mittelgrossen Bus. Mehr weiss ich nicht mehr davon.

Hagen, 19. September 2003
Komisches Zeugs geträumt. Es war eine Art Gymnastikgruppe, die irgendetwas mit Thomas Mann zu tun hatte. So eine Art Stechschritt wurde geübt. Ich blieb sitzen, konnte wegen irgendwas nicht mitmachen. Eine alte Frau neben mir machte auch nicht mit, sie hatte verheulte Augen. Ich sagte ihr, dass in fünfzig Jahren das auch so mit Erika Mann sein werde. Das schien sie zu trösten.
Gestern auch zwei merkwürdige Träume:
1. Götz wollte mich wieder anstellen. Wir sassen an einem Bach und verhandelten das Gehalt. Ich wollte das dreifache von früher, worüber wir beide herzhaft lachten.
2. Im Bürotrakt meiner alten Schule. In einem Sessel sass Matthias, tot. Es war klar, dass er Selbstmord begangen hatte. Ich

ging zur Hölderlebachbrücke und telephonierte nach der Polizei. Ich flachste in bester Laune mir der Telephonistin der Polizei, die auch überschwänglich guter Laune und zu Scherzen aufgelegt war. Ich habe ihr einen Mord zu vermelden, bei dem herrlichen Wetter usw.

Hagen, 12. November 2003

Träumte von einem Konzert, dass ich in meiner alten Schule gegeben hatte. Ich war Bassist einer Rockband, zugleich deren Sänger. Als das Konzert beginnen sollte, war mir der E-Bass (lila/weinrot war er) abhanden gekommen. Ich fand ihn wieder. K. sass in der zweiten Reihe (sie hatte ja gestern Geburtstag). Unseren »Top-Song« wollte ich spielen, hatte ihn aber zugleich schon gespielt. Mir fiel dann weder Text noch Melodie noch die Bassline ein. Der Gitarrist zupfte Akkorde. Ich hatte keine Ahnung mehr, wie der Bass zu spielen sei und versuchte das zu vertuschen. Es fiel mir dann, glaube ich, doch wieder ein.

Hagen, 4. Dezember 2003

Ich war mit dem Zug nach Moskau unterwegs, zusammen mit Papa. Einmal stiegen wir auf der falschen Zugseite aus und stiegen über die Geleise zum Bahnsteig. In einem Restaurant saute ich mir mein Hemd mit Sauce ein, das aber der Kellnerin gehörte. Götz stiess im Café zu uns, er hatte in irgendeiner Stadt die Unabhängigkeit ausgerufen und war begierig auf das Presseecho; ärgerte sich, dass das in einem Artikel nur mit anderthalb Zeilen erwähnt war: »Ich hatte um ein Interview förmlich gebettelt«, sagte er.

Waldhof Tiefendorf, 16. August 2010

Wirre Träume, in denen sich als Szenerie Hagen (Bahnhofsviertel) und Freiburg (Ecke Wilhelmsstrasse) überlagerten. Zwei sehr alte Leute schoben einen Rollstuhl auf dem Gehweg, darauf eine in Plastikplane eingewickelte und verschnürte Leiche. Es war klar, dass sie die Frau des einen war und im Restaurant verstorben war. Das war die einfachste Art der Überführung in die Wohnung. Und es wirkte nicht ungewöhnlich.

Waldhof Tiefendorf, 31. Dezember 2010

Gestern oder vorgestern träumte mir, dass wir einem Dorf bei Zerbst wohnten. Es hatte Hochwasser. Aber wir hatten ein Kiosk im Haus, bei dem man das Nötigste kaufen könnte. Fast anderthalb Meter hoch stand das Schlammwasser in den Strassen. Der Nachbaropa sass in der Gartenlaube und trauerte um seine Frau, die sich erschossen habe. Sie hatte sich aber erhangen und hing direkt vor ihm. Von Schüssen keine Spur.

Waldhof Tiefendorf, 7. Januar 2011
Der Bach rauschte so stark heute Nacht, dass ich von üblen Hochwassern träumte. Da vermengten sich die Bilder vom August, da wir hier unter Wasser waren, mit wahrscheinlich den australischen TV-Bildern. Silvia und ich wohnten allerdings in der Wohnung meiner Mutter in Merzhausen/Freiburg. Die Feuerwehr lachte uns am Telephon nur aus, als wir einen Abpumpeinsatz erbaten. …

Waldhof Tiefendorf, 28. März 2011
Dummes Zeug geträumt heute Nacht. Wir waren nach Freiburg gezogen und hausten in einer hotelähnlichen Anlage mit uraltem Aufzug und komischen Leuten in der Lobby, die sich an den Zeitungen aus meinem Briefkasten gütlich taten. Das Martinstor war ein vergittertes Theater. Mein Schulkamerad Felix war als Wachmann dort. Er mochte nicht von meinem mitgebrachten Kuchen essen. Plakatiert war ein Theaterstück von Sibylle Berg: »In 50 Theatern gespielt und 40 Zeitungen dagegen.« Das war als Werbung gedacht.

Waldhof Tiefendorf, 28. März 2011
Gestern war ich im Traum bei Jan Eckhoff. Er war Tätowierer geworden, wog mindestens 160 Kilo und er hatte stark bunt

tätowierte Oberarme. Er hatte mir bereits einen blutrot/purpurfarbenen Baphomet auf den Unterarm gestochen und drang nun darauf, mir einen stilisierten Kühlschrank auf die Brust zu tätowieren, in welchem saubergestapelte Handtücher zu sehen sein sollten. Das missfiel mir. Auch wollte mir sein Vergnügen an der Idee, mir unter den Bauchnabel ein grosses Paypal-Logo zu stechen, nicht einleuchten. Wir schieden misslaunig.

Waldhof Tiefendorf, 17. Juni 2011
Wirre Sachen geträumt heut Nacht. U.a. waren wir in einem sehr hohen Haus mit grossartigem Ausblick auf Wälder und Berge, ich hatte den Eindruck, dass sich das Haus drehe, oder dass es wackele, Kollege Riepenhausen, der auf einem Sofa rumlümmelte und Provenienzstempel bei angeblich raren Staackmann-Ausgaben checkte, meinte, dass das nicht sein könne, ich legte mich hinter ein anderes Sofa, um nicht raussehen zu müssen und hatte ziemlich Panik. Dann natürlich noch die übliche Unterwegs-Träume mit Rumfahren und so.

Waldhof Tiefendorf, 18. Juni 2011

Vorhin, es war noch nichtmal zehn Uhr, und ich war noch nicht angezogen, klingelte es an der Tür. Ein ungestalter Mensch mit Plastikumhängetasche stand vor der Tür:

- ER: (Grusslos) Darf ich mich vorstellen, ich komme von der Selbsthilfegruppe …

- ICH: (ins Wort fallend) oh, vielen Dank, kein Bedarf

- ER: (bockig) Lassen Sie mich doch erstmal ausreden!

- ICH: naja, Sie wollen was verkaufen oder Geld haben

- ER: (sagt nix)

- ICH: oder Sie sind von den Zeugen Jehovas

- ER: Mit den Zeugen Jehovas habe ich nichts zu tun

- ICH: wer weiss?

- ER: (sagt nix, glotzt)

- ICH: Jedenfalls kommt jeden Tag jemand und will irgendwas

- ER: hier draussen?

- ICH: wenn ich was übrig habe, dann weiss ich schon, wohin ich das spende.

- ER: (sagt nix, glotzt)

- ICH: In diesem Sinne: alles Gute (will mich umdrehen und wieder rein)

- ER: Nein, so nicht! Das haben Sie jetzt verbockt!

- ICH: Na dann eben »nicht alles Gute« …

Ich drehe mich um, gehe rein und schliesse die Haustür und sehe durch das Küchenfenster, dass er die zwanzig Meter die Auffahrt hoch den Mittelfinger gegen unser Haus streckt.
Ich hab dann erstmal Tee gekocht und mich angezogen.

Waldhof Tiefendorf, 10. September 2012
Silvia und ich waren auf dem Weg zu Jan Eckhoff und Nina Heindl. Die beiden wohnten in einem Schloss, das halb in den Berg hineingebaut war und recht baufällig wirkte. An der Seite führte eine Treppe den Berg hinauf, von der aus man die Balustraden und Balkone der Stockwerke erreichen konnte. Auf der gekiesten Dachterrasse – mit dicken grauen Sockeln und Säulen drumherum – waren Jan und Nina mit irgendwelchen kulinarischen Verrichtungen beschäftigt. Auf dem Balkon drunter standen die Grills, auf denen Jan Crêpes vorbereitet hatte (die allerdings wie Frühlingsrollen aussahen).

Schnitt. Ich ging in ein Gebäude rein, das halb Kaserne, halb Jugendherberge zu sein schien. Ein grosser Raum, dessen Boden mit Matratzen ausgelegt war. Bunte Bettlaken. Offensichtlich das Nachtlager.
Ich ging zur Toilette, obwohl es schon zum Essen geläutet hatte. 7 Stehpissoirs übers Eck angeordnet. Rechts stand einer, der ein beliebtes Bundeswehrspiel machte: Rundpissen. Das geht

so: Man springt von Schüssel zu Schüssel und pinkelt, stoppt den Strahl, hüpft weiter zum nächsten usw. usw. Dabei soll dann möglichst wenig daneben gehen. Ich wollte einfach nur pissen, was dem andern wiederum so wenig gefiel, dass er mir vorwurfsvoll auf Hemd und Hose pisste. Also öffnete ich meine Hose und pisste wiederum ihn voll. Ins Gesicht und auch sonstwohin.
Ich beschloss, noch eine Dusche zu nehmen, bevor ich zum Essen gehe. Es roch nach ungewürztem, geschmackneutralen Hackbraten mit Knorr-Tütensosse. Nicht sehr verlockend.

Schnitt. Silvia und ich waren an einem See, der im Traum mehr und mehr zu einem Swimmingpool wurde. Annabel und Michael Moynihan waren dabei und Ian Read. Wir schwammen und ich musste ständig wieder raus aus dem tiefblauen Wasser, weil ich direkt neben dem Pool einen Bücherstand aufgebaut hatte.
Eine Frau mit strähnigem Haar hielt mir einen Kindercomic hin und bat mich, das Buch zu signieren. Ich wand mich: »Ich signiere eigentlich nur meine eigenen Bücher«. Sie: »Ach so«, ich zeigte auf meine Bücher, die auch an dem Stand waren. Sie entschloss sich unwillig für die Helmstagebücher und hielt es mir zum Signieren hin. Das Buch war aber völlig verdreckt, das konnte ich so nicht verkaufen. Es war fleckig und der hintere

Deckel war halb abgerissen. Ich nahm das nächste Exemplar vom Stapel, das hatte aber wohl im Matsch gestanden, denn Erdklumpen hafteten ihm an und es liess sich gar nicht aufschlagen. Auch die andern Bücher von mir waren nicht vorzeigbar.

Waldhof Tiefendorf, 19. September 2011
Hab eben versucht, im Traumtagebuch die Traumfetzen von heute Nacht zusammenzukriegen, es gelang mir aber nur fragmentarisch:

Das erste Mal – soweit ich mich erinnere – dass ich im Traum eine Panikattacke hatte. Ich war in dieser Szene aus einem Zimmer in ein sehr tiefes Treppenhaus gelangt und die Treppenstufen waren extrem morsch und wurmstichig und nur behelfsmässig befestigt mit Reisszwecken und dergleichen. Das krachte natürlich prompt unter mir zusammen. Während das bröselte und knackte unter mir Schnappatmung und es flimmerte mir sehr vor Augen usw.usw.

Ich landete dann aber mit den Treppensplittern im Schlafzimmer einer mir fremden Frau (die nicht da war), orangefarbene Bettwäsche, ich verliess das Haus durch die Terrassentür, ein

Hund sprang mich an und pisste mir schwanzwedelnd auf die Füsse.

Schnitt.

Ein Rentnerehepaar in einem dicken Auto, das eine Katze totfuhr auf einer Kreuzung.
Schnitt. Ich sass Anne Sachsenröder an einem Schultisch in einem Klassenzimmer gegenüber. Sie war sehr aufgeregt und freudig über etwas, das ich nicht verstand. Viele laute Menschen um uns herum.

Waldhof Tiefendorf, 30. September 2011
In meinem Traum heute Nacht war ich in Schweden. Es sollte Bratkartoffeln geben, ich sollte dazu die Kartoffeln aus dem Teich holen. Die Kartoffeln lagen grob geschält in der Mitte des flachen und grossen Teiches und ich bekam nasse Strümpfe, da ich sie rausholte. Im Traum fand ich es ganz normal, dass das so gehandhabt wird.

Am Haus lag eine Katze und war am Gebären. Sie gebar kleine Katzen und einen Ameisenbär, weitere Kätzchen kamen auch aus dem Mund. Der Ameisenbär irritierte mich, war aber auch in Ordnung, komische Katze halt.

Waldhof Tiefendorf, 1. Oktober 2011

Ich war in einem mehrstöckigen Hotel mit sehr hohen Decken und hellen Räumen. Ich musste dringend pissen, aber das Klo war komisch: ein hauchdünner halbrunder Deckel aus mehreren einzeln aufklappbaren Schichten. Da der Deckel allerdings auf dem Spülwasser auflag, war er vollständig nass und ich wollte mich nicht draufsetzen. Auch zum Masturbieren war es nicht der rechte Ort, alle Fenster waren ohne Vorhänge, und in den Häusern gegenüber tummelten sich zahllose Menschen und schauten herüber.

Gleichzeitig war ich in einem Universitätsgebäude mit sehr grobschlächtigen breiten Treppen und steinernen Treppengeländern. Ich lief rasch die Stufen hinauf, um in einen Seminarraum zu gelangen. Dort sassen viele wohlgekleidete Studenten an übergrossen Tischen mit Papiermodellen darauf. Ob das Architekturmodelle waren, oder geometrische Figuren, habe ich nicht herausgefunden. Es sollte jedenfalls der Kurs zur englischen Geschichte dort stattfinden. Den wollte ich aber gar nicht besuchen, da ich ein anderes Studium aufgenommen hatte. Und so war es zwar ärgerlich, aber nicht schlimm, dass ich keinen Platz fand und die noch unbesetzten Plätze für andere freigehalten wurden. Ich wusste auch gar nicht, was ich da überhaupt soll. Silvia wollte wohl doch, dass ich den Doktor mache.

Das Hotel aus der ersten Sequenz und das Unigebäude gingen dann in ihrer Gleichzeitigkeit in einen sechsstöckigen ICE in voller Fahrt über. Der ICE war mit seinen sechs »Stockwerken« so hoch, dass er dort oben, wo ich stand, ziemlich schwankte. Das war mir unangenehm und ich zweifelte auch daran, dass der Zug so durch die Tunnels passen würde.

Gut also, dass der Traum hier in eine andere Sequenz überging. Vom weiteren Verlauf fehlen mir Details. Jedenfalls waren wir (Silvia war dabei und ein paar im Traume mit uns befreundete Menschen) wieder bei einem Hotel, diesmal in ländlicher Gegend, sehr hell war es in der Sonne und gelb das Korn auf den Feldern drumherum. Hinter dem Haus wollten wir säen. Dazu waren armtiefe Löcher dort ausgehoben. Vier vorne, und dahinter ein grosses wie ein Kellerfensterschacht. Mit einer Machete viertelte ich eine Ananas und noch eine andere Frucht, und legte sie als Saatgut in die vorderen Löcher. Als ich das tat, bewegten sich das Laub und der Kehricht in dem grossen hinteren Loch und es schälten sich schlaftrunkene Igel aus dem Staub und den Blättern.

Waldhof Tiefendorf, 7. Oktober 2011

Ich war in einer Buchhandlung, die zuerst meine Buchhandlung war und dann in einen Ramschladen à la Wohltats überging. Vor einem Schaufenster war ein grosser Stapel Remi-Exemplare. Dabei auch einiges aus dem Eisenhut Verlag und ich wunderte mich, weil ich die Titel gar nicht kannte und auch nicht wusste, dass ich Bücher geramscht haben sollte.

Da waren aber auch ein paar Jüngersachen dabei, die aussahen wie die Marbacher Magazine, und die ich noch nicht kannte. Ich fand sie aber recht teuer. Zwei Regalreihen weiter war eine Sitzgelegenheit. Dort kam Alexander Pschera zu mir. Im Existentialistenlook: er trug schwarze Cordhose und schwarzen Rollkragenpullover, dazu kastanienbraunes halblanges Wuschelhaar. Als wir eben uns zu unterhalten begannen, trat Liselotte Jünger zu uns. Sie hatte die Frisur, die sie in den späten 1960ern getragen hatte. Liselotte sagte mir, dass sie die Hochzeitstagebücher von Gretha gefunden habe, ob ich die edieren wolle. Ich hatte keine Zeit, sagte aber zu. Die Zeit dafür wollte ich mir nehmen.

Waldhof Tiefendorf, 24. Oktober 2011

Ich wurde heute mit dem Ruf »Gott ist tot! Der Satanismus sagt: jeder ist sein eigener Gott« geweckt. Als ich das noch in meine Träume integrieren wollte, merkte ich, dass es der Radiowecker war, der eine Programmvorschau abspielte: heute Abend kommt auf WDR3 ein Feature über Anton LaVey und die Church of Satan.

Waldhof Tiefendorf, 29.-30. Oktober 2011

In den Träumen gestern hatte ich viel mit meinem Vater zu tun, der erstaunlich beweglich war, aber aschfahl und grau wie eine Gipsmaske. Er hatte ein Tagebuch veröffentlicht und ich fand das Buch grossartig, ärgerte mich aber, dass das in einem anderen Verlag erschienen war und nicht bei uns.

***

Heute Nacht träumte ich, dass Annabel und Michael Moynihan ein Gedicht von mir vertont hatten (es klang wie »The Ride«) und ich vor Stolz schier platzte:

> Spielend hielt ich Eis und Feuer in der Hand
> Und mehr zog mich die Flamme an
> Glühend ich das halbe Leben stand
> Wurde selbst dann Feuer und das Eis zerrann

Im Traum kam dann noch Steve von Till dazu, und Scott Kelly wollte auf seiner Solotour trommeln.

Waldhof Tiefendorf, 9. November 2011

Ich kraxelte mit irgendjemandem einen Hang hoch, dabei mussten wir aufpassen, weil an manchen Stellen unter dem Gras kleine Schweine lebten, und man da leicht einkrachen konnte und dann auf die Schweine treten würde. Die Scheune oben am Hang gehörte mir nur zur Hälfte. In der andern Hälfte stand ein Traktor mit einer Schneeschaufel vorne dran, den wollte ich mir ausleihen, um irgendwelche Späne aus der Scheune auf die Wiese zu schieben und dort zu verteilen.

Waldhof Tiefendorf, 26. November 2011

Ich war in meinem neuen Antiquariatslager, das Wasser stand kniehoch und es kam Blut aus den Büchern. Beides schien mir nicht ungewöhnlich zu sein. Wohl waren da auch Leichenteile.
Dann striff ich durch Arztpraxen, brauchte Medikamente, wurde von einem Doktor abgewiesen, stahl schliesslich Aktenordner und Rezeptblöcke von ihm, um mir selbst die Rezepte auszustellen. Wie ich aus der Türe rauskam, die im Rausgehen zu meiner Wohnungstüre geworden war, klingelte es an meiner

Tür, die ich also nochmal öffnete. Als ich sie durchschritt, wurde sie eine fremde Tür, an der wiederum ich klingelte, weil ein grosser dicker Polizist mir einen Trommelrevolver in den Nacken hielt und die Beweise von mir wollte. Es öffnete ein dicker lustiger Grieche, der kaum Deutsch konnte und quirlig sprach wie ein Italiener, wobei sein Fett mit dem Lachen in Wellen schwabbelte. Ich diktierte ihm, dass ich gegen meinen Willen mit der Waffe bedroht werde (was widersinnig ist, wer wird schon mit seiner Zustimmung bedroht). In meinem Diktat kam das Wort »die« vor, und der Grieche korrigierte, dass das »dieda« heisse, und war davon nicht abzubringen, sein Trumph war: »Es gibt doch das Lied« und dann rappte er »Die da« von den *Fantastischen Vier* vor und tanzte dazu, und ich hatte immer noch die Waffe im Genick und wollte nur weg.

An der Wand waren Plakate mit Schwarzweissphotos von Märtyrern, darüber stand jeweils »Hoffen« oder »Kämpfen«. Der spindeldürre Gandhi trat aus einem Photo heraus, und auch andere bewegten sich. Da waren die Brüder Thélémy, die aussahen wie Padre Pio, gezeigt kurz vor ihrer Selbsttötung vor dem Kölner Dom. Und daneben ein Photo von einem Mann, der aussah wie Samuel Beckett in jung, der ein irischer Journalist war. Der dicke Polizist deutete unter Tränen auf ihn und schluchzte: »der hat über die Hälfte seines Lebens nur gehofft« und es war klar, dass er damit meinte, dass er im Gefängnis gesessen hatte. Er sackte zusammen und sass heulend auf dem Boden.

Dann lief ich eine lange Treppe an einem Berg hinauf. Es ging wohl zur Familie H. Und richtig: Margret kam aus dem Hintereingang hinaus und begrüsste mich. Wir hätten uns ja anderthalb Jahre schon nicht mehr gesehen. Nina war auch da. Es sprang ein riesiger Hund im Garten umher, der aussah wie Holger Lange. Und als Nina ihn »Holger« rief, dachte ich: oh, der heisst ja auch noch Holger! Ich rutschte dann den extrem steilen Hang hinunter. Unten war flaches Wasser, darin sass eine kleine kugelrunde Fledermaus, ich zückte meine Kamera und photographierte, wie sie um mich herumschwamm. Ich war ganz stolz, endlich auch mal so schöne Photos wie Fenja Hardel zu machen, vor allem weil ich wusste, dass Fenja noch keine igeldicken, runden schwimmenden Fledermäuse photographiert hatte. Da schwammen dann auch die seltensten exotischen Fische um mich her und ich machte tolle Photos. Weiter hinten, unter einer Brücke, schwamm ein Wesen mit einem bulligen Tigerkopf und einem meterlangen getigerten Giraffenhals und einem kleinen Torso. Der war auch sehr selten, wusste ich.

Waldhof Tiefendorf, 4. Januar 2012

Ich besass ein Antiquariat, das ich mir mit einer alten Frau teilte, die handgestrickte Dinge und ostpreussisches Leinen verkaufte. Das war eine offensichtlich plötzliche Neuerung, denn ich kannte sie nicht und wusste auch nicht Bescheid. Ich hatte wohlsortierte Ware, aber eben eine Sortierung, die eigentlich für Publikumsverkehr ungeeignet ist, also ganz wie im wirklichen Leben.

Hannelore Kohl kam herein. Da wusste ich, dass ich mein Antiquariat in Bonn habe. Sie war 220 cm gross, oder noch grösser. Jedenfalls reichte sie fast bis zur Decke. Ich kondolierte ihr zum Tod ihres Mannes. Sie wollte Jüngers *Arbeiter* haben, aber den hatte ich nicht da, stattdessen offerierte ich Ihr alte Zeitschriften mit Originalgraphik von Alfred Kubin. Sie erinnerte sich nicht mehr an mich, aber das war nicht schlimm.

Ich musste zu irgendeinem Termin, ich glaube, ich sollte Silvia von der Arbeit abholen, aber ich kam nicht weg, weil der ganze Laden voller Kunden war, die ständig irgendwelche komischen Sachen fragten oder irgendetwas wollten.

Schnitt.

Ich lebte in einer sehr grossen Wohnung (oder einem Haus) am Waldrand, die Wohnung war terrassenmässig angeordnet mit 2-3 Treppenstufen jeweils, viele Durchbrüche, und alles voll, total voll gestellt mit Sachen und Zeugs. Keine Bücherregale, nur

Zeugs. Spinnräder, Figuren, undefinierbarer Kruscht. Und sehr viele Katzen. Unsere Katzen, die wir auch im echten Leben haben, waren mehrfach da und ganz viele fremde Katzen und noch viel mehr komische Tiere. Ich musste jedenfalls unsere Katzen einsammeln, um sie in die Küche zu bringen, wo sie Medizin bekommen sollten. Sie entwischten ständig und dann wusste ich bei manchen nicht, ob das nun unsere seien oder nicht. Und eben diese komischen anderen Tiere. Da war zum Beispiel eine Qualle, die mit der Omma kämpfte. Die Qualle war blaulila und konnte sich teilen und wieder zusammenfügen. Eine Wolfspitzkatze war nur handgross und extrem flauschig. Auf der Terrasse vor dem Haus sassen zwei Murmeltiere, die ich zunächst sehr süss fand. Als sie jedoch abwechselnd anfingen, eine Luchsin zu penetrieren, fand ich sie vulgär und dumm. Aber da kamen auch schon zwei Löwen. Offensichtlich hatten sie die Murmeltiere gefressen, denn sie hatten blutverschmierte Mäuler, und die Murmeltiere waren weg. Der eine Löwe liess sich auf der Terrasse nieder. Gut, dass ich vorne raus musste.

Waldhof Tiefendorf, 9. Januar 2012

Ich träumte davon, dass wir nach Dortmund gezogen sind, da war ein neumodischer Bunker auf einer Wiese mitten in der

Stadt. Der hatte nur einen einzigen Raum, der war angeblich 120 m² gross, aber ich schätzte ihn auf allenfalls 50 m² und fand auch nicht, dass Silvias fünf Kleiderschränke da reinpassen würden, aber sie wollte den Bunker unbedingt mieten.

Waldhof Tiefendorf, 10. Januar 2012

Ich war damit beschäftigt, sehr viele Katzenklos zu reinigen. Mein Onkel Martin sprang ständig dort herum, wo ich gerade am Katzenklosandsieben war, und war enorm im Weg. Ich verprügelte ihn deswegen mit der Katzenklosandsiebeschaufel. Wir beschlossen darauf, nichts mehr miteinander zu tun haben zu wollen. »Wir haben einen Status erreicht, in dem ich allenfalls noch mitteile, wen ich gut finde«, sagte ich in die Runde.

Meine Schwester İlayda sass jetzt auch da, sie wollte ein »Wimmelbuch« von Mitgutsch von mir haben. Und zwar den Band »Hautdeformationen«, den ich nicht kannte, aber ihr zu besorgen versprach. Aber eigentlich fand ich das beknackt.

Waldhof Tiefendorf, 11. Januar 2012

Silvia und ich waren nach Hamburg gefahren, um mit meinem Vater zusammen den Dalai Lama zu sehen. Das sollte meinem Vater gut tun. Wir waren in Papas Wohnung (die nicht in echt seine Wohnung war), alles war sehr schmutzig und speckig, Dieter L. (der im echten Leben zu der Einrichtung gehört, wo Papa bis vor kurzem lebte) redete auf uns ein, aber wir wollten weg und gingen rasch unserer Wege.

Schnitt. Mitten in Hamburg ein grosser Hügel, mit einer baugerüstartigen Bühne mitten drauf, auf der der Dalai Lama stand und gregorianische Gesänge intonierte. Ich stand mitten in der Menschenmasse, drehte mich um und sah auch schon Silvia, wie sie durch die Massen schritt.

Da ich das notiere, fällt mir auf, dass mein Vater in meinen Träumen der letzten Zeit nur noch als Abwesender vorkommt. Ziemlich genau seitdem er in der Demenzpflegestation in Bad Bevensen untergebracht ist und nicht mehr in seinem Häuschen wohnt. Da ist wohl das Wissen, dass er nicht mehr er ist, von registrierenden Kenntnis der Information abgesackt und realisiert. Bis dahin war er ständig noch präsent: dass er plötzlich hier vor der Tür steht, grinsend, und hier wohnen will.

Waldhof Tiefendorf, 29. Januar 2012

Ich war mit Silvia auf dem Weg zur Sparkasse. Dort ging eine breite grosse Freitreppe zum Eingang. Man konnte über die Stadt blicken, es waren südländische Flachbauten. Vom Horizont her kam eine Reihe atomarer Explosionen auf uns zu.

Dann waren wir tot, vertrocknet und verbrannt, und wir sahen aus wie Moorleichen. Ich konnte aber noch Popeln. Und das währte dann 402 Jahre.

Waldhof Tiefendorf, 31. Januar 2012

Wir waren auf einem Symposion, oder eher einem Bankett, also durchaus ein Symposion. Ich hatte einige Bücher vor mir stehen, offensichtlich zum Verkauf. Altbundespräsident Walter Scheel setzte sich neben mich und fing ungefragt an, alle möglichen Bücher zu signieren. Ich fand das unpassend, zumal er weder Autor noch Gegenstand dieser Bücher war. Ich sagte ihm, dass sein Büro mir jüngst eine Abfuhr erteilt habe. Scheel: »Ja, ich gehe nur noch Campen.« Doof war, dass auf der anderen Seite von uns Willy Brandt sass. Ich wusste, dass Brandt tot war und deswegen wäre die Unterhaltung mit Brandt viel interessanter gewesen, während ich die Unterhaltung mit Scheel zunehmend als Zeitverschwendung empfand. Doch da rief schon eine Dame mit Wieczorek-Zeul-Frisur zum nächsten Vortrag in den vorderen Hallen. Dort waren Altäre ausgestellt, und die meisten waren scheusslich.

Waldhof Tiefendorf, 2. Februar 2012

Wir gingen durch einen Supermarkt, der in einen Konzertsaal mündete. Plötzlich waren Jana und Michael da und Steve von Till kam dazu. Saint Vitus spielten ihr neues Album. Wir sassen auf Bierbänken an der Seite, etwas erhöht. Michael lag auf der Bank neben mir, Steve sass zwischen Jana und Silvia und erzählte in tadellosem Deutsch. Henry Vasquez kam ein Drumstick abhanden, und er konnte nicht weiterspielen. Michael steckte mir den Drumstick als Souvenir zu, ich wusste nicht, wie er so schnell an ihn dran gekommen war. Da war dann auch schon Pause und alle Menschen stürmten aus der Halle raus.

Im Supermarkt gab's übrigens das neue Vitus-Album schon. Ich wusste, dass ich keine 50 € ausgeben konnte, aber ich musste es unbedingt haben. Das zerknickte Cover hatte ich schon auf der Bierbank in Händen gehabt, ich schaute mit Steve die Credits durch. Die Danksagung war mit Photos der Bedankten. Wir wunderten uns über zwei unterbelichtete Poser dabei.

Waldhof Tiefendorf, 19. Februar 2012

Wir fuhren mit einem ziemlich schäbigen und verbeulten alten Auto, das keine Türen mehr hatte. Dafür gab es eine Ausnahmeregelung in der Strassenverkehrsordnung, oder seitens des

TÜV. Die Auflage allerdings war, dass man jede volle Minute - oder jeden gefahrenen Kilometer, so ganz hatte ich das nicht kapiert – eine Quizfrage beantworten musste, um weiterfahren zu können. Ich verstand den Zusammenhang nicht, doch empfand ich die Einsicht, dass das die gültige Versinnbildlichung unserer gesellschaftlichen Lage sei, als gleichermassen erhellend wie unangenehm.

Überhaupt fällt mir auf, dass ich kaum noch unterwegs bin in Träumen. Jahrelang waren die meisten der Träume, derer ich mich erinnerte, von Fahrten geprägt, vom Hinkommen, vom Wegkommen. Mit der Bahn, zu Fuss, auf Skiern gar, mit Autos und Bussen. Und immer mit Druck, Daten verpassend, Termine versäumend, Ort nicht findend. Wenn das Nichtmehraufderständigenfahrtsein nun bedeutete, dass ich angekommen bin, soll mir das nur recht sein. Würde ja auch gar nicht anderswo und anderswie sein wollen als so wie hier und jetzt.

Waldhof Tiefendorf, 26. Februar 2012

Ich war damit beschäftigt, zwei Arbeitslager bzw. KZs zu befreien. Um die kompletten Anlagen auf Eisenbahnwagen verladen zu können, musste ich sie freilich einem SS-Mann abluchsen. Der Beweis, dass ich vertrauenswürdig sei, gelang mir dadurch, dass ich eine oberschlesische Leuchtstoffröhre aus den

20ern anschliessen konnte, und sie unter einer Sitzbank leuchtete. Die meisten der Gefangenen hatten sich versteckt. Einige waren transformiert. So waren welche in Schubladen als Tacker und Locher von Aktenmappen verdeckt. (Sie konnten sprechen und ich fand das im Traum nicht ungewöhnlich). Das Problem war nur, dass ich nicht ausreichend Geld hatte. Ich brauchte 32 Dollar für je 100 Leute. Und mir sass sowieso schon der Insolvenzverwalter für die Firma im Nacken, deren Buchhalter ich offensichtlich war. Die 32 Dollar waren übrigens als Aufback-Focaccias aufgeteilt, die sich in 5 Stücke brechen liessen. Auf der Fahrt zum Bodensee mussten wir einige Bahnschranken durchbrechen, aber das war in Ordnung.

Waldhof Tiefendorf, 21. März 2012

Ich träumte, wie der Wecker anging mit der täglich gleichen Melodie. Davon erwachte ich, ich schaute auf die Uhr und in dem Moment sprang die Anzeige auf die nächste Stunde – – – und der Wecker ertönte.

Waldhof Tiefendorf, 12. Mai 2012

Auf der Apfelbaumwiese vor unserem Berghof füllten wir einen missliebigen Verwandten im Rollstuhl mit flüssigem Ethylen ab, schnallten ihn auf eine Sechskilobombe und schossen ihn per Katapult auf ein feindliches Objekt.

Im Haus waren die Bücherregale so eng gestellt, dass ich nicht mehr zwischen ihnen hindurch kam. Hinter einem Regal war eine Tür, die zur Scheune führte, von wo ständig irgendwelche Fremden hereinkamen und irgend etwas wollten.

Waldhof Tiefendorf, 13. Mai 2012

Ich hatte auf Facebook ein Photo vom Auswechseln einer Glühbirne auf unserem im Traume fensterlosen Klo gepostet und freute mich wie ein Schneekönig, dass Stephen Hawking das Photo geliked hatte.

Wir fuhren auf einer Autobahn, es war dichter Verkehr. Direkt vor uns wurde die Strasse gesperrt, und ein Mann mit Bart hiess uns, die Autobahn seitlich über den Grünstreifen zu verlassen. Ich fragte ihn nach seiner Legitimation. Er konnte nichts vorweisen. Wir gerieten in einen Streit darüber, ob man etwas machen müsse, nur weil es alle machten, gleichviel ob es erlaubt sei oder nicht. Silvia unterstütze mich, doch der Mann war verärgert.

Wir machten dann Rast an einem eingeschneiten Bächlein, das nur ein Rinnsal war. Eine fremde Frau war ganz begierig, meine gebrannte Red Hot Chili Peppers CD zu bekommen. Ich überlegte, sie ihr zu geben. Liess es aber, obwohl ich die Chilis langweilig finde und für die CD keine weitere Verwendung mehr hatte. Dann waren wir in einem ICE, der im Losfahren zu einem Flugzeug wurde.

Waldhof Tiefendorf, 18. Mai 2012

Ich war auf dem Hof einer Fabrik, die in Aachen sein sollte. Ich kam hinzu, als jemand starb. Offensichtlich sollte ich daran Schuld haben. Ein anderer zog mich damit auf, und mir schien, dass eigentlich er es gewesen war.

Dann im Keller eines 70er Jahre-Hotels in den Bergen. Es regnete draussen stark. Rolf sass auf einem Stuhl und verteilte Koks in silbernen kleinen Kügelchen. Ich nahm davon, er wollte mir mehr geben, was ich ablehnte. Tanzen sollte ich, und es gab Maitais.

Silvia mahnte zum Aufbruch und fuhr dann einfach ohne mich los. Später waren wir aber zusammen unterwegs, halb in einem Auto und halb zu Fuss wandernd. Was im Traume kein Widerspruch war.

Nachzutragen von gestern noch ein Traum, in dem ich in einem mit Rollen versehenen Plastikpapierkorb zusammen mit meinem Schulfreund J. durch die Strassen fuhr. Wir brachten es auf über 140 km/h. Um in sein Appartement zu gelangen, wo zwei junge Mädchen auf uns warteten, musste man am Kamin hochklettern, der zu diesem Zwecke mit Kissen umhüllt war. In mehreren Metern Höhe waren die Nähte geplatzt und die Kissen locker, ich wurde panisch.

Waldhof Tiefendorf, 19. Mai 2012

Es war sehr staubig und dreckig überall, es lag Müll auf der Strasse und gebrauchte Munition. Jemand stürzte sich aus dem Fenster, ein anderer wurde in meinem Laden erschossen, ich plante einen Umzug und hatte dafür einen Handwagen ausgeliehen. Ich küsste mich ausgiebig mit einer Frau, die ich in den 1990ern in Freiburg kannte. Katzen sprangen umher, doch war alles zusammen unangenehm.

Waldhof Tiefendorf, 6. Juni 2012

Im Traum kam Helmut Kohl vor, er war der grosse Boss. Sprach nicht viel. Regierte mit Augenschlag und Gesten.

Waldhof Tiefendorf, 22. Juni 2012

Ich war auf einer Party in einem staubigen Dachstuhl, ich kannte die Leute aber nur im Traum. Es gab Bier in kleinen bauchigen Flaschen. Ein recht assiger junger Mann hatte mir mein Bier geklaut, als ich wohl draussen gewesen war, und er gab es mir unter gespieltem Protest zurück.

Ich sass auf einer Bierbank. Plötzlich stand Papa vor mir, um sich zu verabschieden. Jan Eckhoff sass bei mir. Wir erklärten Papa was die Unterschiede zwischen LPs, Kassetten und CDs seien, die er nicht mehr wusste. Wir schauten zur Seite, da war die ganze Wand voll mit LP-Boxen, aber auch mit einem grossen Regal mit Asterix-Sammeltellern, die offensichtlich Papa gehörten. Jan lachte sehr, als er sie sah: »Wer sammelt denn sowas?!«

Ich war dann in einem Hotel. Der Herr, der mich rausgeleitete, war wohl Silvias Ex-Chef. Das war zugleich Firma und Hotel. Draussen kam ich auf einen Kai und sollte zu einem Schiff. Einer sprang auf ein anliegendes Schiff und bekam einen Pfeil in die Brust, Blut troff hinab. Der Pfeil war von einer Horde spielender Kinder gekommen. Das Blut jedenfalls war echt.

Dann in einem Bus. Ich wollte demonstrativ mir Kopfhörer in die Ohren stecken, um mich von den Gesprächen abzuschotten. Da merkte ich, dass ich mein iPod, das ich im Traume besass, und das recht klobig und zu gross schien, bereits laufen hatte. Die Gespräche müssen also schon von Band gekommen sein.

Nachtrag. Dieser Traum ist merkwürdig, weil Papa drei Nächte später starb.

Waldhof Tiefendorf, 7. Juli 2012

Silvia erzählt, da ich ihr den Kaffee ans Bett bringe, sie habe mich im Traum total zur Sau gemacht, weil ich Dödel Waschmittelpulver statt Spülmaschinentabs in die Spülmaschine eingefüllt hatte. Ausserdem hatte ich »Twittervolk« eingeladen, das morgens um 10 schon bei uns rumlungerte, und bespasst werden wollte. Silvia = »Falling Down«. Silvia war so sauer, dass sie meinen Kopf gegen den Schreibtisch geschlagen hat. Ich war aber auch dann nicht einsichtig, was sie nur noch aggressiver machte. Zum Glück klingelte dann der Wecker.

Waldhof Tiefendorf, 15. Juli 2012

Ich hatte mein Büro im dritten Stock, mit Blick auf den Hinterhof. Jan Eckhoff kam rein, um mir, der ich am Computer sass, etwas zu diktieren. Offensichtlich war er mein Chef. Für den besseren Gedankenfluss, wie er sagte, zog er sich Hose und

Unterhose aus und sass dergestalt entblösst auf dem Sofa neben meinem Schreibtisch. Mir kam das aber nicht ungewöhnlich vor.

Waldhof Tiefendorf, 29. August 2012

Ich träumte von einer Diskussionsveranstaltung mit Westerwelle. Aber ausser uns beiden war niemand gekommen. Er wollte mir etwas von Ernsthaftigkeit in der Politik erzählen, doch ich winkte nur ab. Später rief er mich an, ob ich in meinem Antiquariat nicht mit einer Plakette ein Regal als »Guido-Westerwelle-Regal« widmen könne. Ich: Und was, wenn ich da nur Hindenburg und Pétain reinstelle?

Waldhof Tiefendorf, 30. Oktober 2013

In meinem Traum arbeitete ich wieder in der FT (Sportverein in Freiburg), hielt dort erstmal den Sportlern und Mitarbeitern einen Vortrag über Ernst Niekisch und veranstaltete ein Konzert auf dem Parkplatz. Meine Mutter war auch da, die wollte mich nicht begrüssen, weil sie ihren neuen Freund dabei hatte. Als sie dann später was von mir haben wollte, ignorierte ich sie deswegen. Ich ass Bratwürstchen und im Pförtnerhäuschen hatte sich ein Halbhund/Halbmenschwesen eingenistet, das ich nur mit Bewerfen mit meinem Gitarrenkoffer in den Griff bekam. Als erste Amtshandlung des Tages machte ich bei den Leuten im Kraftraum eine Mitgliedskontrolle.

Meinen Arbeitslohn bekam ich in einem Umschlag. Ich ärgerte mich sehr, dass es kein Geld war, sondern billige Aldischokolade.

Waldhof Tiefendorf, 6. November 2013

Im Traum waren wir bei David Dahlhaus zum Tätowieren. Silvia wollte sich ursprünglich »ARBEIT« übers Herz stechen lassen und liess sich dann quer über den Brustkorb »LAMINS« stechen in grossen bunten Spielkartenlettern. David war ganz versessen darauf, mir einen grossen Messbecher mit Pipette auf den Unterarm zu stechen. Mir leuchtete das Motiv nicht ein, aber er liess sich nicht davon abbringen: »Wirst schon sehen! Wirst schon sehen!« Und dann hatte ich halt einen Messbecher mit Pipette auf dem Arm.

»Lamins« war wohl die Traumvariante von »Lapin« (Hase).

Waldhof Tiefendorf, 15. März 2014

War im Traum mit Mario Kloschinski auf einem Festival. Als Chris de Burgh sich anschickte, »Lady in Red« zu singen, verliessen wir das Gelände. Vom Auto aus rief ich meine Mutter an, dass ich nur 20 EUR ausgegeben habe und wir jetzt heimkämen.

Waldhof Tiefendorf, 20. März 2014

Im Traum, in dem ich abwechselnd auf einem Berg lebte, wo die Bücherregale den Steilhang längs entlang aufgestellt waren, und abwechselnd in einer Innenstadtwohnung im Erdgeschoss, wo die Pizzaboten die Büchersendungen mitgehen liessen, die von den Postlern auf den Briefkästen deponiert worden waren. Casimir hatte auf unserem Bett einen Pott Rübensirup und eine Flache Ahornsirup verteilt und hatte sich genüsslich darin gewälzt und war nun von oben bis unten verklebt. Dass ich ihn duschen wollte, machte ihn sehr ungehalten.

Waldhof Tiefendorf, 28. Juli 2014

Im Traum wohnten wir in Süddeutschland, offenbar nicht weit von Herisau in der Schweiz. Hermann Hesse besuchte uns mit seiner Frau, die aber nicht Ninon war. Er fragte, ob ich Ernst Jünger noch kennengelernt habe und signierte mir einen Stapel seiner Bücher. Er war schon etwas »tüddelig«, so hatte er uns eine vorbereitete Widmung mitgebracht, die aber an ein »Ehepaar Friedrich« gerichtet war und ich wies ihn darauf hin, dass das Buch nicht für uns sei, sondern für die Friedrichs. Hesse hatte eben ein Büchlein über sich und Jünger herausgegeben, das der »Freundeskreis der Brüder Jünger« verlegt hatte.

Hesse verputzte ziemliche Mengen gebackenen Feta und reichlich von meinem Gemüsereis. Hesse drängte zum Aufbruch, man sehe sich ja bald wieder, wie gut, dass wir so nah beieinander wohnen würden. Ehrliche, ungespielte Heiterkeit.

Waldhof Tiefendorf, 29. September 2014

Kurz vor 6 riss der Wecker mich aus blödsinnigen Träumen.

Waldhof Tiefendorf, 30. September 2014

Im Traum hatte ich eine hitzige Diskussion mit einer laubrechenden Kindergärtnerin, ob die jüdische Mesusa (der Gebetstext im Türrahmen) und das islamisch-türkische Nazar-Amulett Ausformungen des sozusagen identischen Budenzaubers seien. Die Kindergärtnerin war empört.

Waldhof Tiefendorf, 3. Oktober 2014

Träumte von einem Oppossum, das, einen Igel im Maul habend, auf dem schmalen Seitenstreifen eines Autobahntunnels umhersprang. Das Auto vor uns und wir selbst hielten an, waren aber unschlüssig, was zu tun sei.

Waldhof Tiefendorf, 11. Oktober 2014
Träumte vom Amenrakonzert, das heute Abend in Lünen stattfindet. Wir hingen backstage mit den Amenranern und dem Veranstalter herum. Colin hatte eine mumifizierte Hand in einem Miniatursarg dabei, und Mario hatte hierzu hygienische Bedenken.

Waldhof Tiefendorf, 2. Februar 2015
In meinem Traum hat Thomas oben in der Wohnung mit einer Hilti viele quadratische Löcher in den Boden gemacht, um besseres Parkett verlegen zu können, bei uns unten war eine handbreite Brocken- und Staubschicht auf allen Sachen. Und wir waren sehr aufgebracht …

Waldhof Tiefendorf, 3. Juni 2015
In meinem Traum heut Nacht fuhr ich in einer Sequenz im offenen Wagen durch eine Strasse, die halb Freiburg und halb Strandpromenade einer südlichen Gegend war. Aus einer Dis-

kothek drang ohrenbetäubend laut mein Song »Doubt kills«, der mittendrin in ein Technogesummse überging, was mich irritierte.

Waldhof Tiefendorf, 3. Januar 2016

Ich hatte auf der Strasse eine Schüssel voll unversehrtes Gemüse erbrochen, ganze Brokkoli und einen Blumenkohl und dergleichen, und man brachte mich ins Spital, da das ein Symptom für eine Hirnblutung sei. (Defragmentierungsdetail aus der Serie »Six Feet Under«, die wir am Abend sahen) Ich sollte rasch operiert werden. Ich versuchte noch jemanden zu erreichen, der meine Neurosis-Tickets für den gleichen Abend nehmen könnte und bereitete mich auf die OP vor. Silvia sollte mir Sachen bringen und Katte derweil das Antiquariat am Laufen halten. Es kamen mehrere Schulfreunde zu Besuch, die noch ungealtert so aussahen wie vor zwanzig Jahren, da ich sie zuletzt gesehen hatte. Sie spielten auf Gameboys oder so etwas und ich wusste nicht, was sie bei mir wollten.

Waldhof Tiefendorf, 22. Februar 2016

Unsere Wohnung sah ganz anders aus als in Wirklichkeit und Silvia hatte über Nacht alles noch nicht für den Umzug Verpackte umgestellt und umgeschraubt, eine ganz andere Küche montiert usw., ich wusste überhaupt nicht weshalb. Thomas war im Hausflur zu hören, Silvia wollte ihn hereinbitten, um irgendein kaputtes Schraubgewinde zu monieren. Thomas war nackt und sträubte sich zunächst, reinzukommen. Ich hatte Bedenken, dass er die vielen Umzugskartons sähe und etwas ahnen könnte von unserem bevorstehenden Auszug. Aber er checkte nichts und sagte nichts zu all dem. Er hatte im Erdgeschoss gegenüber unserer Wohnung ein Fernsehzimmer eingerichtet, in dem viele 1950er-Jahre-Sessel standen in verschiedenen Brauntönen. Er fläzte sich nackt auf den Sesseln herum und wirkte nicht ganz zurechnungsfähig.

Waldhof Tiefendorf, 2. März 2016
Ich hatte eine Abmahnung bekommen, weil laut einem neuen Gerichtsurteil die Verwendung ungenauer Zustandsbeschreibungen mit »leichter« oder »stärker« unzulässig und wettbewerbswidrig seien, weil der Kunde dadurch keine konkrete Vorstellung des Warenzustandes habe. Die Abmahnung belief sich auf nur 280 Euro, aber da ich in der Postkiste noch weitere Schreiben sah, die gleiches verhiessen, überschlug ich rasch, dass ich diese Formulierungen etwa 25.000mal bei mir Katalog habe, und ich sah mich schon insolvent gehen.

Waldhof Tiefendorf, 1. April 2016

Geträumt, dass ich mit B. Hinds von Mastodon, der tadelloses Deutsch sprach, bei einem nächtlichen Strassenkonzert einer komischen Zweimannband war, deren Sängerin ein grosses Serpent Eater-Tattoo auf dem Rücken hatte und darunter das Nargaroth-Logo. Eine Kombi, die mich irritierte. Ich fragte Hinds nach Scott Kelly und er sagte, dass er mit ihm eine Coverversion von »Stations« von Joy Divison aufnehmen wolle.

Nimmertal, 9. Juli 2016

Wir waren mit Carsten und Thorsten in einer Kneipe und sassen auf der Eckbank. Thorsten erzählte viel. Marion kam vorbei und streichelte mich im Vorbeigehen an den Armen. Ich war fassungslos und zischte Thorsten zu, wer das gewesen war und ob er als mein Anwalt erlaube, dass ich ihr eine reinhaue.

Nimmertal, 10. Juli 2016

Geträumt, dass Thomas in unserer alten Wohnung einen Brand gelegt hatte, den er uns in die Schuhe schieben wollte. Als das aufflog, ging sie auf Tauchstation und er war bedripscht ohne Ende.